Direction éditoriale : Christophe Savouré
Direction artistique : Danielle Capellazzi
Édition : Christine Hooghe assistée de Servane Bayle
Conception graphique : Claude Poirier
Photographies : Jean-Luc Scotto
Illustrations : Véronique Marchand

Dépôt légal : août 2001
Photogravure : IGS-Charente Photogravure
Imprimé en Belgique par Proost
ISBN : 2-215-07001-3
ISSN : 1285-5677
3e édition – n° 92210

les activités fleurus

BÂTONNETS PLATS

Natacha Seret

EDITIONS FLEURUS

Éditions Fleurus, 15-27, rue Moussorgski, 75018 Paris

Matériel et conseils

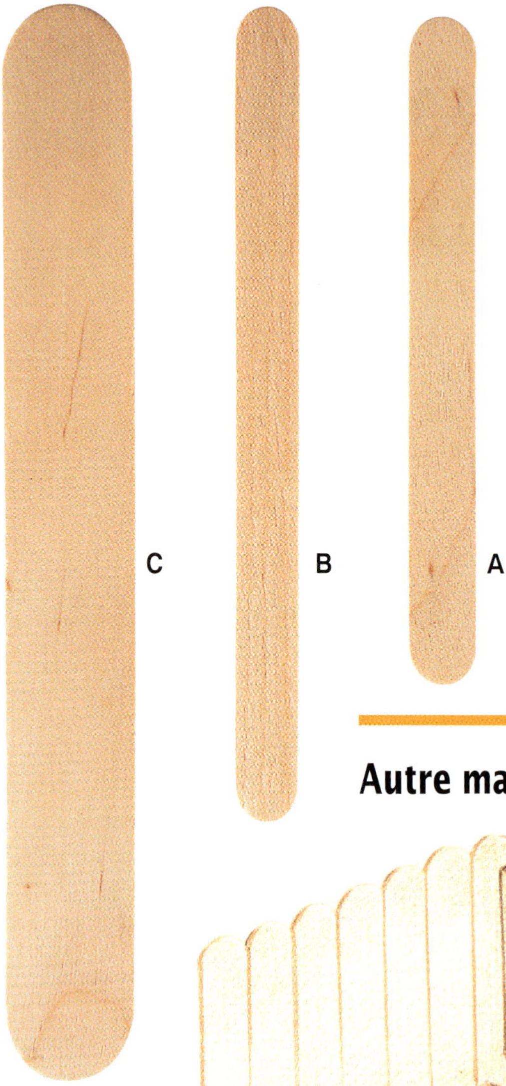

Bâtonnets

Les bâtonnets plats sont de minces languettes de bois blanc dont les extrémités sont arrondies. Ils existent en trois tailles. Nous avons choisi de les désigner par une lettre pour les différencier plus facilement :
bâtonnets A : 9,3 cm de long et 1 cm de large,
bâtonnets B : 11,3 cm de long et 1 cm de large,
bâtonnets C : 15,5 cm de long et 1,8 cm de large.
Ils sont vendus dans les magasins de loisirs créatifs, en sachets d'une seule taille ou en assortiments.

Autre matériel

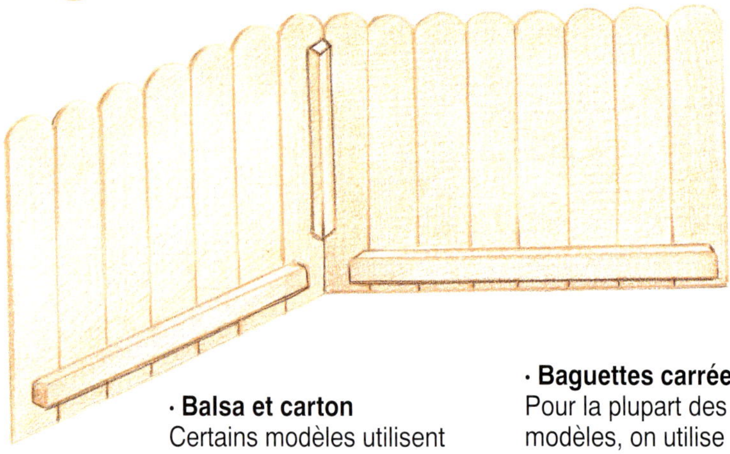

· **Balsa et carton**
Certains modèles utilisent du balsa, du carton fin (bristol), du carton fort (carton gris), ou du carton ondulé.
· **Bouchons de liège**
· **Cure-dents en bois**

· **Baguettes carrées**
Pour la plupart des modèles, on utilise des baguettes carrées de balsa de 4 mm de section. Elles permettent de renforcer les collages. On les trouve dans les magasins de loisirs créatifs ou de modélisme.

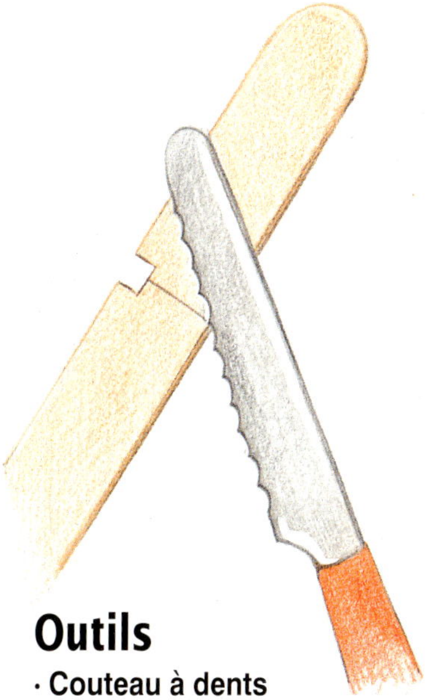

Outils

· Couteau à dents
Pour couper un bâtonnet, tracer un trait au crayon à papier, faire une entaille de chaque côté du trait avec un couteau à dents, puis casser le bâtonnet.
Les mesures sont données à partir de l'extrémité arrondie du bâtonnet.

· Papier de verre fin
Avant le collage, on peut poncer les bâtonnets coupés avec du papier de verre fin pour éliminer toutes les irrégularités.

· Ciseaux

· Cutter
Il sert pour le balsa et le carton fort.

· Petite vrille ou mini-perceuse avec mèche fine à bois.

Attention !
Le cutter, la vrille et la mini-perceuse sont à utiliser par un adulte.

Collage

Il est préférable d'utiliser de la colle à bois à prise rapide.
Pour un meilleur résultat, encoller les deux parties, laisser sécher une minute environ, remettre un peu de colle et assembler.
Il est important de toujours bien laisser sécher les différents éléments entre les étapes. Tant que la colle n'est pas sèche, les pièces peuvent être bougées. Après séchage complet, le bois risquerait d'être endommagé.

Finitions

· Peinture
Plusieurs qualités de peinture peuvent être utilisées. Les peintures acryliques et multi-supports sont très couvrantes et sèchent généralement assez vite.

La gouache, moins couvrante, laisse transparaître les veines du bois et permet ainsi d'obtenir des effets de lasure. Il est également possible de cirer le bois avec du cirage à chaussures.

· Vernis
Après séchage de la gouache, il est préférable de vernir les objets pour leur donner un bel aspect et leur permettre de mieux se garder dans le temps.

Labyrinthes

Matériel

- Bâtonnets plats A ou B,
- boîte plate carrée ou rectangulaire,
- papier à carreaux,
- crayon,
- règle,
- bille,
- couteau à dents,
- colle,
- peinture et gommettes.

1 Mesurer la taille de la boîte et tracer un gabarit de même format sur le papier quadrillé.

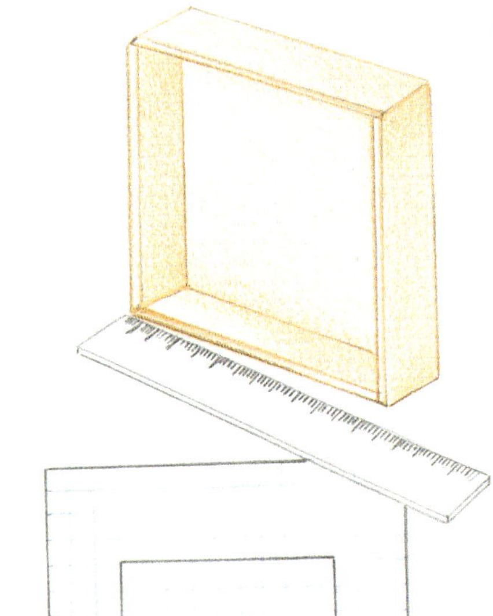

2 Dessiner un labyrinthe. Faire attention que le chemin soit suffisamment large pour que la bille puisse passer partout. Ajouter quelques pièges.

3 Découper les bâtonnets suivant le croquis, puis les coller au fond de la boîte. Laisser sécher.

4 Peindre avec des couleurs vives. Laisser sécher. Coller des gommettes pour décorer.

Variante
On peut coller une flèche et un drapeau en papier pour indiquer les points de départ et d'arrivée.

Sur la route

Matériel

- Bâtonnets plats : A pour les véhicules, A et C pour les maisons,
- bouchons de liège,
- balsa ou carton gris,
- baguettes carrées,
- cure-dents en bois,
- couteau à dents et cutter,
- colle,
- peinture.

Voiture

x 2

1 Recouper 8 bâtonnets à 3 cm sans arrondi. Les coller par 4 pour l'avant et l'arrière de la voiture. Coller 2 séries de 3 bâtonnets pour les côtés de la voiture. Renforcer tous les collages.

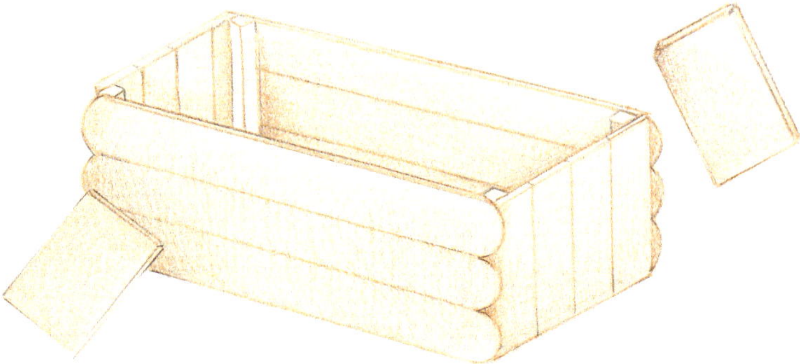

2 Tracer et découper dans le balsa un rectangle de 4,4 x 9 cm pour le fond et 2 petits rectangles de 2,5 x 4,4 cm pour les capots. Coller les côtés, l'avant et l'arrière sur le fond. Coller les capots.

3 Couper 2 bâtonnets en deux. Les coller à la verticale, à la même hauteur. Relier par des baguettes. Couper et coller un carré de balsa de 4,5 cm de côté pour le toit.

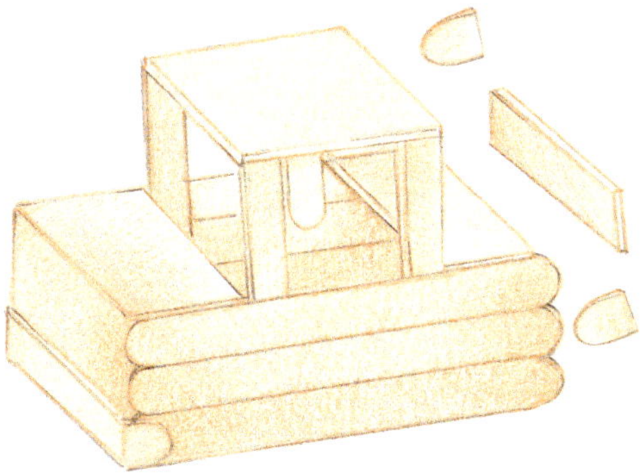

4 Recouper 2 bâtonnets à 4,4 cm sans arrondi et 4 morceaux arrondis de 1 cm. Les coller pour les pare-chocs.

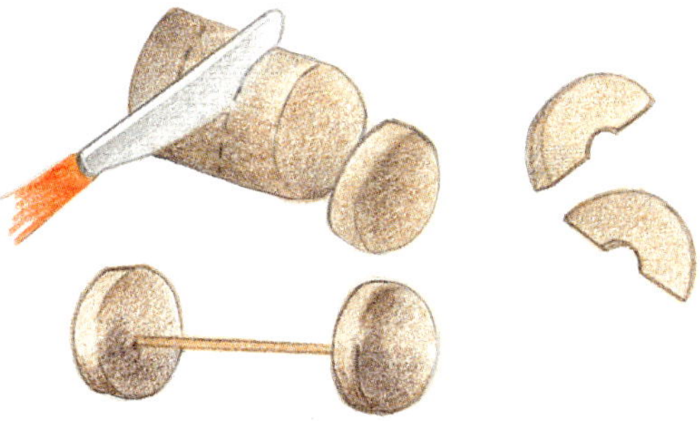

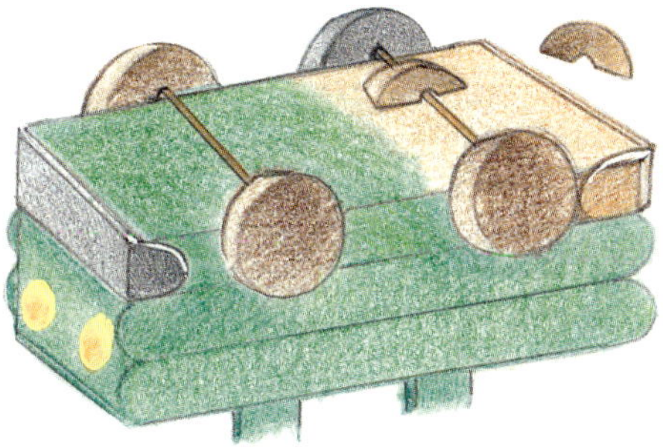

5 Couper 6 rondelles de bouchon. Recouper 2 rondelles en deux et les entailler. Piquer et coller les autres rondelles sur des cure-dents. Coller les demi-rondelles pour maintenir les roues en place. Laisser sécher puis peindre.

Camion

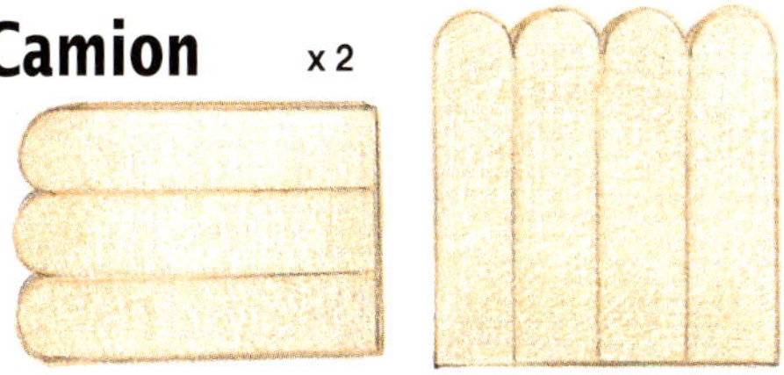

1 Couper 5 bâtonnets en deux et les coller en 2 séries de 3 et une série de 4 pour les côtés et l'arrière de la cabine.

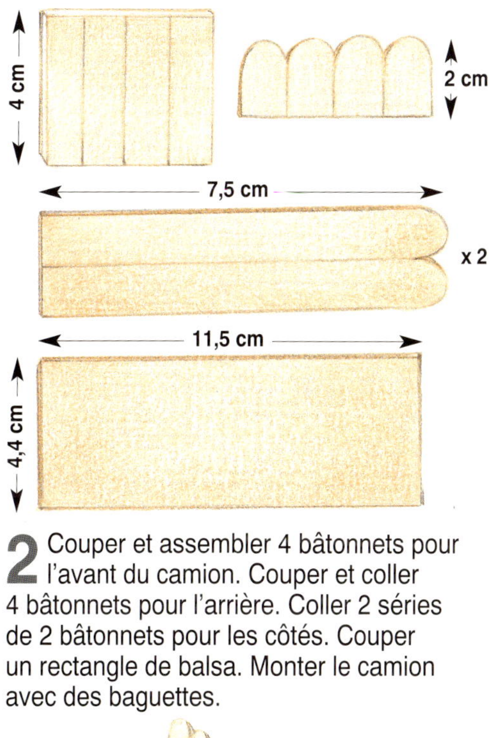

2 Couper et assembler 4 bâtonnets pour l'avant du camion. Couper et coller 4 bâtonnets pour l'arrière. Coller 2 séries de 2 bâtonnets pour les côtés. Couper un rectangle de balsa. Monter le camion avec des baguettes.

3 Monter la cabine et les roues comme aux étapes 3 et 5 de la voiture. Laisser sécher puis peindre.

Sur la route

Maison

1 Recouper 14 bâtonnets A à 7,5 cm. Les coller en 2 séries. Renforcer par une baguette.

x 2

3 Couper 4 bâtonnets C en deux. Les coller en 2 séries.

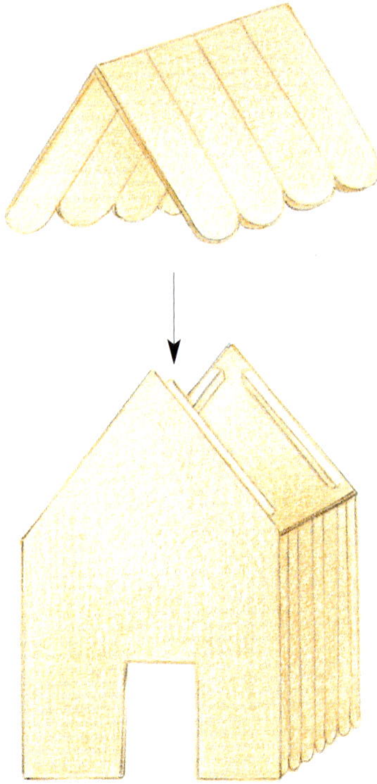

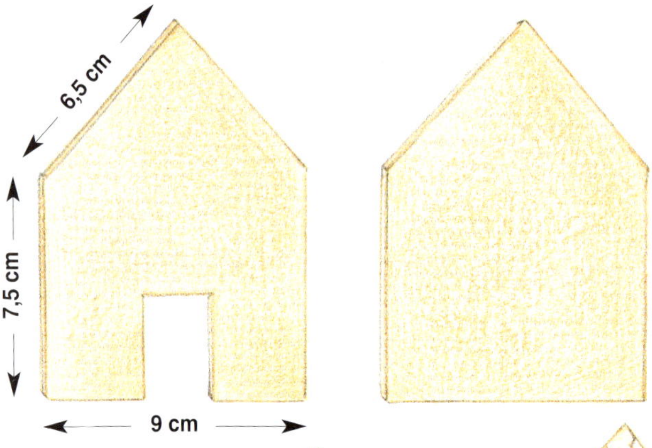

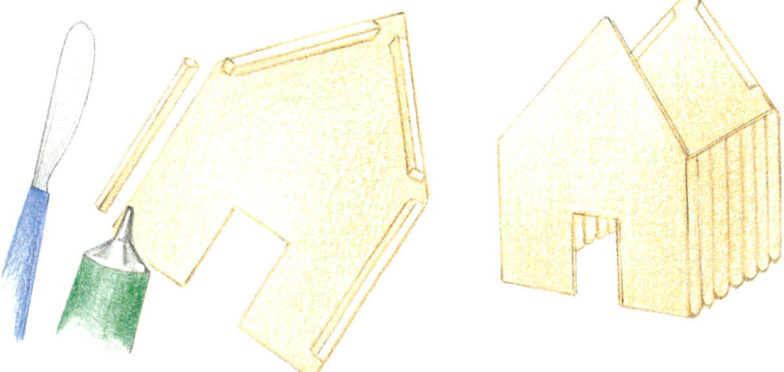

4 Monter le toit avec une baguette. Le coller sur la maison. Laisser sécher puis peindre.

2 Tracer et couper dans le balsa le devant et le dos de la maison. Coller des baguettes sur les bords sauf à la base. Assembler les murs de la maison.

À la conquête de l'air

Matériel

- Bâtonnets plats A,
- bouchon de liège,
- baguettes carrées,
- punaises,
- bristol,
- fil de laiton,
- perles rondes,
- couteau à dents et ciseaux,
- petite vrille ou mini-perceuse,
- colle,
- peinture.

1 Recouper 2 bâtonnets à 2,5 cm et un troisième à 3 cm pour les ailerons et la queue. Couper 2 baguettes de 1 cm et les coller sur les ailerons.

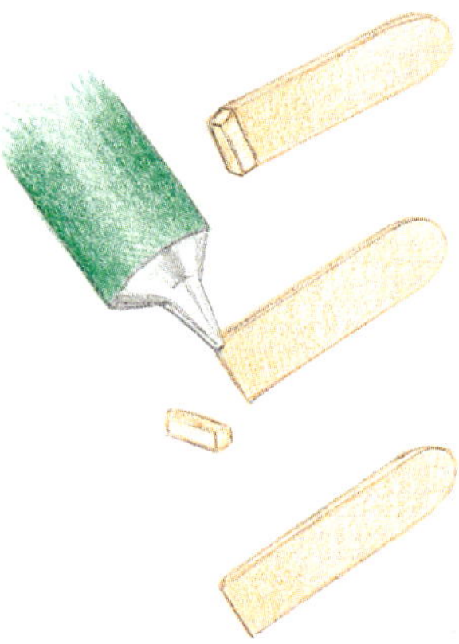

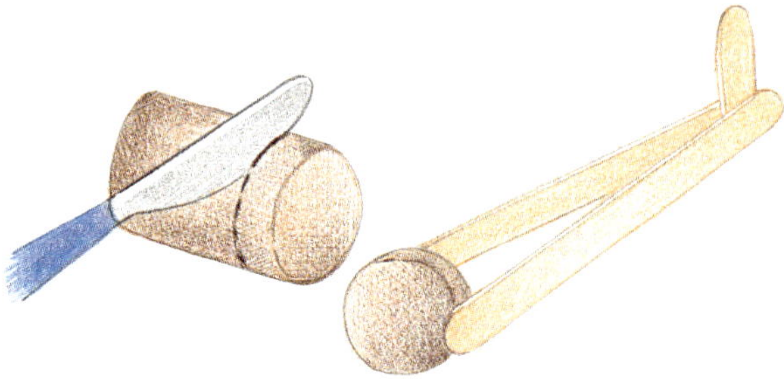

2 Couper une rondelle de bouchon. Coller 2 bâtonnets de part et d'autre de la rondelle et de la queue.

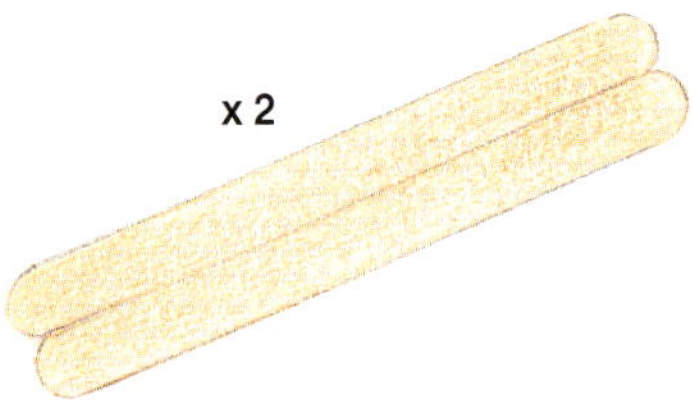

3 Coller les ailerons. Coller 2 séries de 2 bâtonnets et les fixer au-dessus et au-dessous de l'avion.

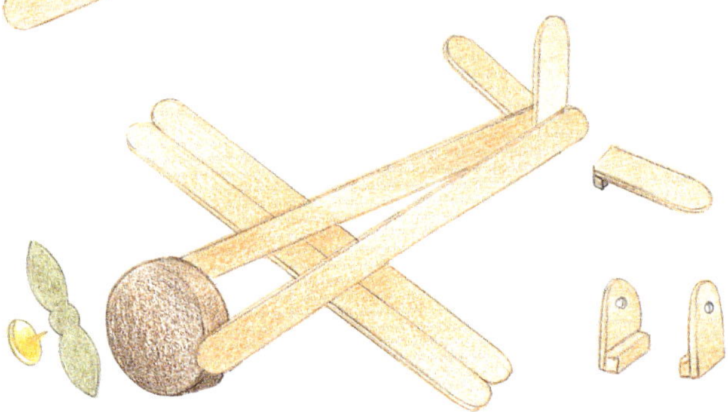

4 Couper 2 morceaux de bâtonnet de 1,5 cm et faire un trou sur chacun à 0,5 cm de l'arrondi. Ajouter 2 morceaux de baguette et coller l'ensemble sous les ailes.

5 Peindre l'avion. Fixer une hélice découpée dans du bristol, avec une punaise. Attacher 2 perles avec 10 cm de fil de laiton pour les roues.

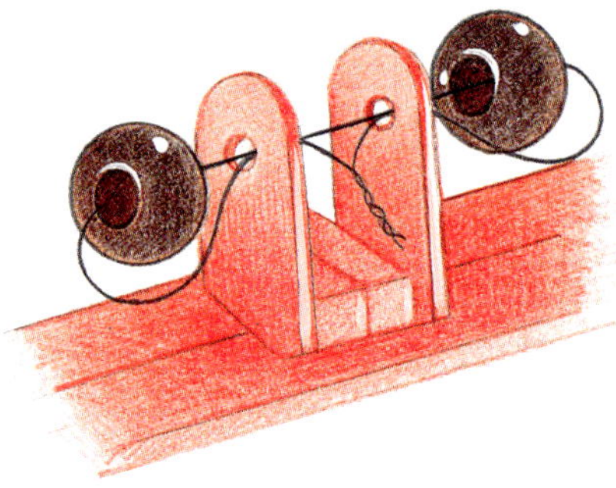

Sur le marché

Matériel
- Bâtonnets plats A, B ou C,
- balsa ou carton gris,
- baguettes carrées,
- corde,
- couteau à dents et cutter,
- colle,
- peinture.

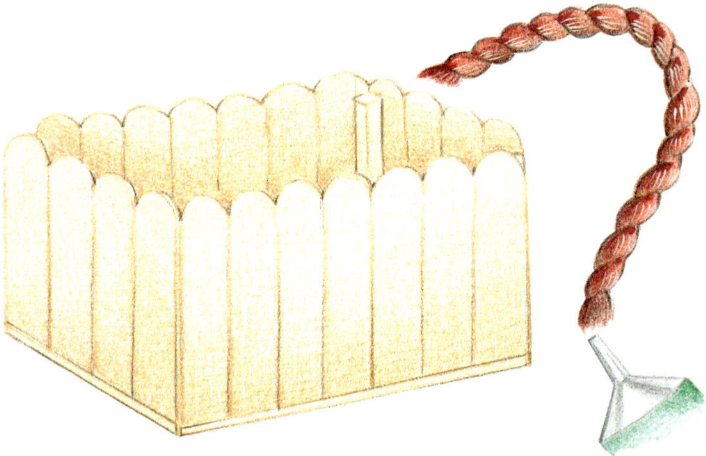

Panier

x 2

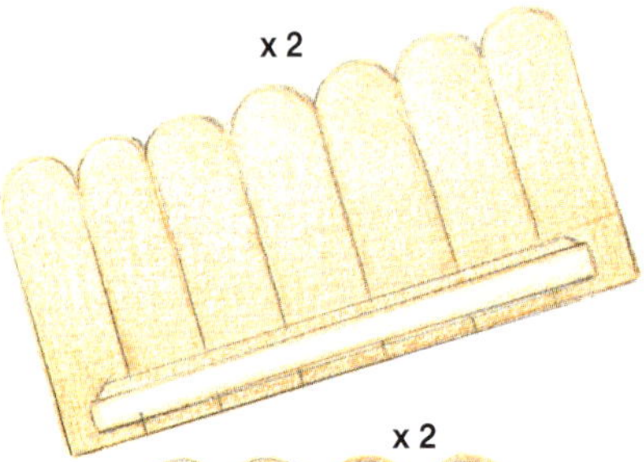

x 2

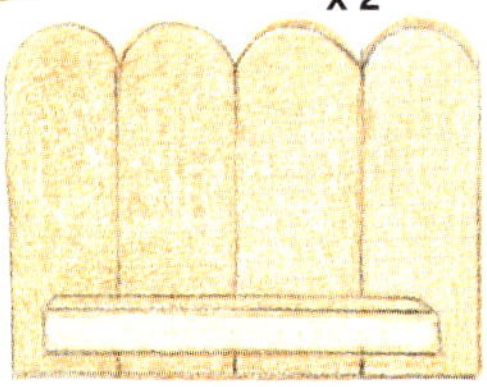

1 Recouper un nombre pair de bâtonnets à la même taille. Les coller en faisant 2 séries longues et 2 courtes. Renforcer avec des baguettes.

2 Couper un rectangle de balsa : pour la longueur, mesurer la longueur des grands côtés ; pour la largeur, mesurer la longueur des petits côtés + 4 mm. Coller les côtés sur le fond. Ajouter une baguette aux angles. Laisser sécher et peindre. Coller de la corde pour l'anse.

Cagette

x 2

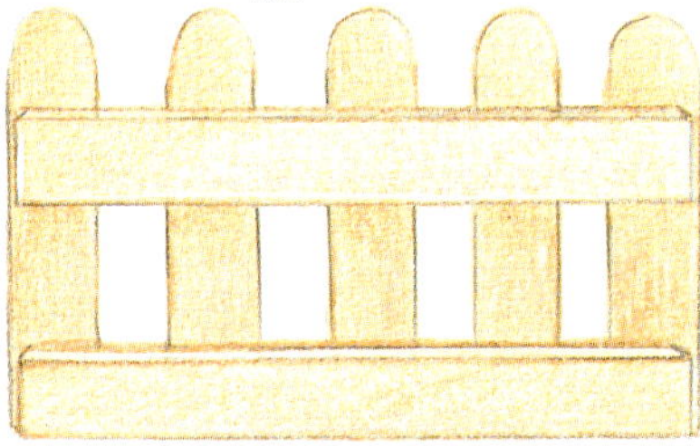

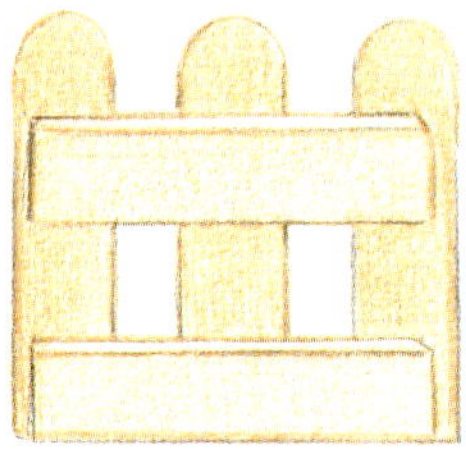

x 2

Recouper 16 bâtonnets A à 4,5 cm puis 4 à 8,5 cm sans arrondi et 4 à 4,5 cm sans arrondi. Assembler les côtés. Couper un rectangle de balsa de 4,5 x 8,5 cm. Coller une baguette tout autour. Assembler les côtés sur le fond. Peindre.

Au port

Matériel

- Bâtonnets plats A et B,
- baguettes carrées,
- balsa ou carton gris,
- bristol, carton ondulé,
- papier épais de couleur,
- rouleau d'essuie-tout,
- chute de tissu,
- couteau à dents, cutter et ciseaux,
- colle,
- peinture.

Phare

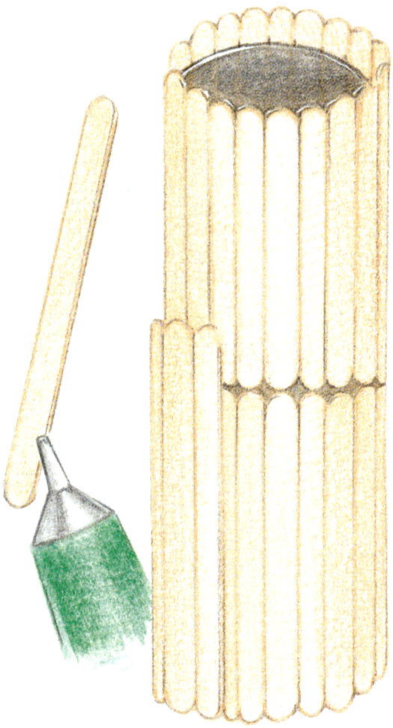

1 Coller sur le rouleau une rangée de bâtonnets B et une rangée de bâtonnets A. Coller sur la rangée de bâtonnets A une seconde rangée de bâtonnets B.

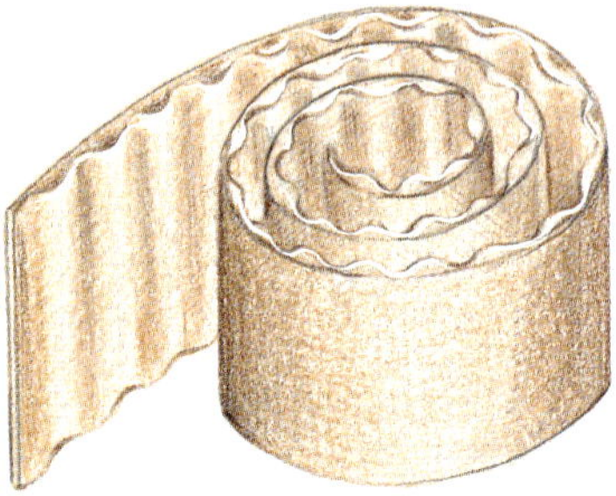

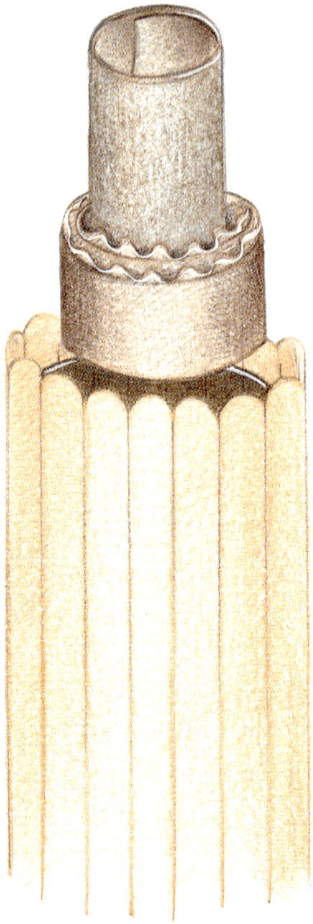

2 Coller sur elle-même une bande de carton ondulé de 3 x 40 cm environ. La fixer à l'intérieur du rouleau. Former un tube avec un rectangle de bristol de 4 x 12,5 cm et le coller au sommet du phare.

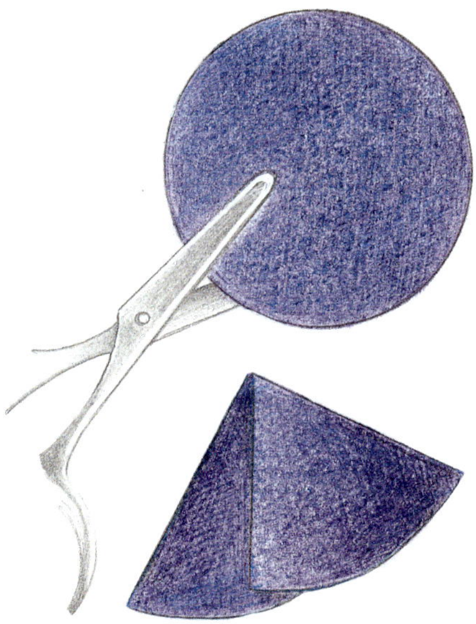

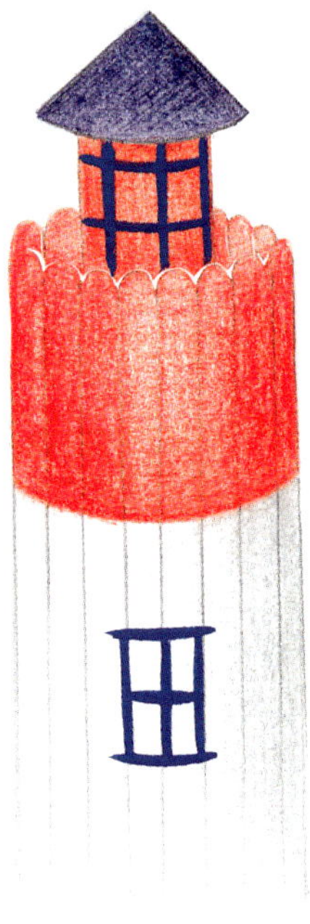

3 Découper un cercle de 7 cm de diamètre dans du papier épais. Découper une fente jusqu'au centre. Former un cône, le coller et placer le toit. Peindre le phare.

Au port

Bateau de pêche

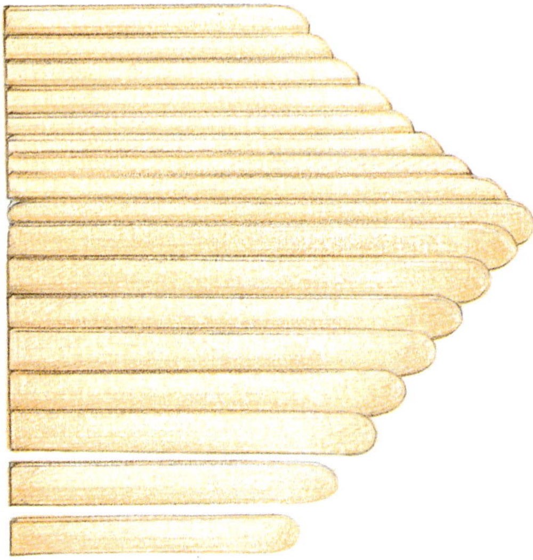

1 Recouper 16 bâtonnets B : 2 de 8,9 cm ; 2 de 9,2 cm ; 2 de 9,5 cm ; 2 de 9,8 cm ; 2 de 10,1 cm ; 2 de 10,4 cm ; 2 de 10,7 cm ; 2 de 11 cm. Prévoir aussi un bâtonnet entier.

2 Coller les bâtonnets comme sur le dessin (à l'arrière, le bâtonnet entier arrive au même niveau que les autres). Coller un bâtonnet de 3,5 cm au bout et laisser sécher.

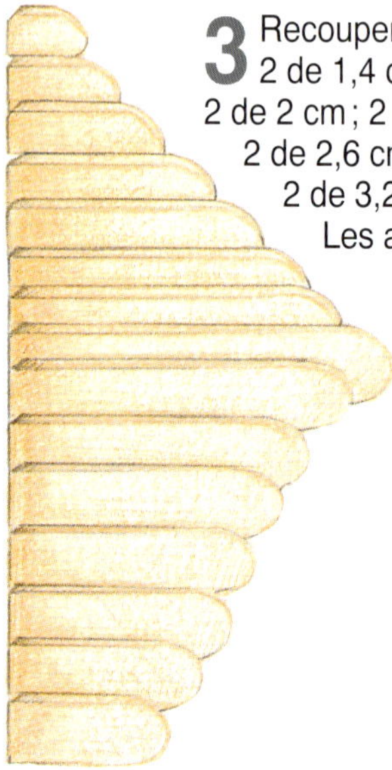

3 Recouper 15 bâtonnets : 2 de 1,4 cm ; 2 de 1,7 cm ; 2 de 2 cm ; 2 de 2,3 cm ; 2 de 2,6 cm ; 2 de 2,9 cm ; 2 de 3,2 cm ; 1 de 3,5 cm. Les assembler.

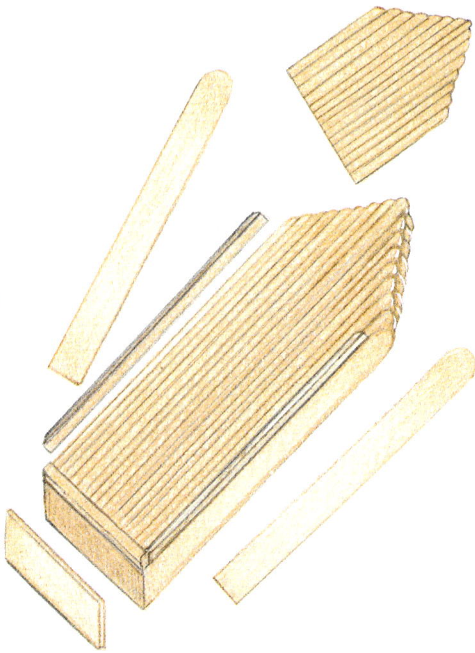

4 Recouper 2 bâtonnets à 9 cm et un à 3,5 cm sans arrondi. Coller des baguettes. Monter les bords et l'avant sur le fond.

5 Couper dans du balsa 2 carrés de 3 cm de côté, un rectangle de 2,2 x 3 cm et un rectangle de 1,5 x 2,2 cm. Couper et coller 3 bâtonnets de 4,5 cm. Monter la cabine avec des baguettes et la coller sur le bateau. Fixer une baguette de 8 cm pour la cheminée. Laisser sécher puis peindre.

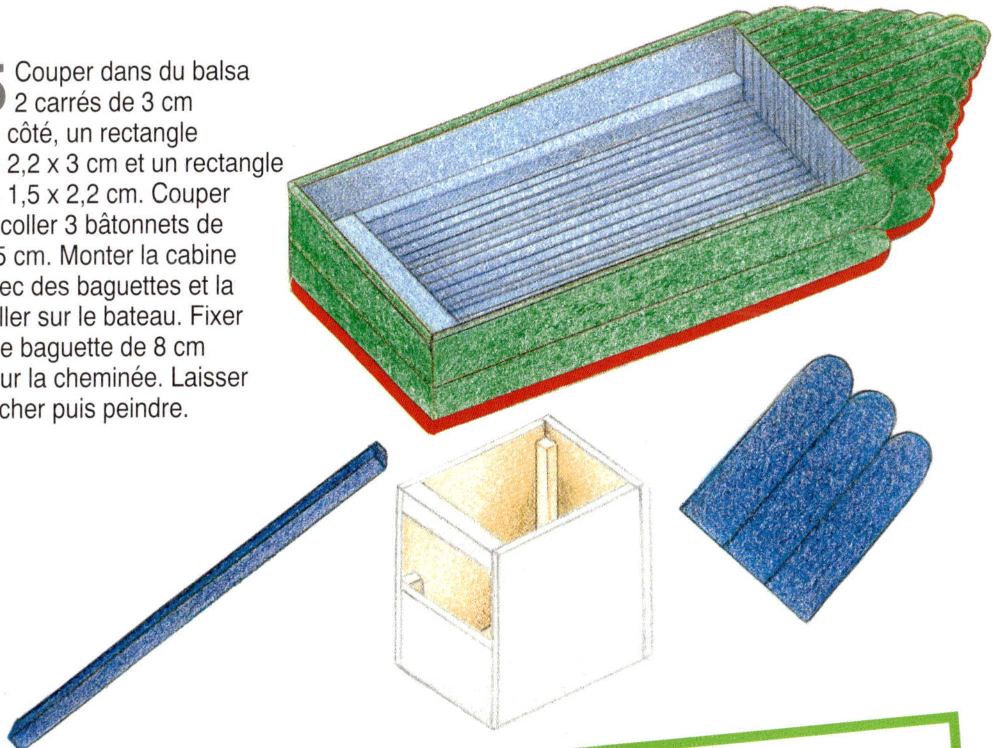

Variantes

Pour le bateau rouge, prévoir une base moins large.
Pour le voilier, remplacer le bâtonnet du milieu de la coque par 2 morceaux espacés de 1 cm pour y glisser le mât.

Petits cadres

Matériel

- Bâtonnets plats A ou B,
- balsa ou carton gris,
- couteau à dents et cutter,
- colle,
- cirage à chaussures de différentes couleurs,
- chiffons,
- attaches en toile gommée pour cadres.

4 Coller une photo ou un dessin au dos. Fixer une attache.

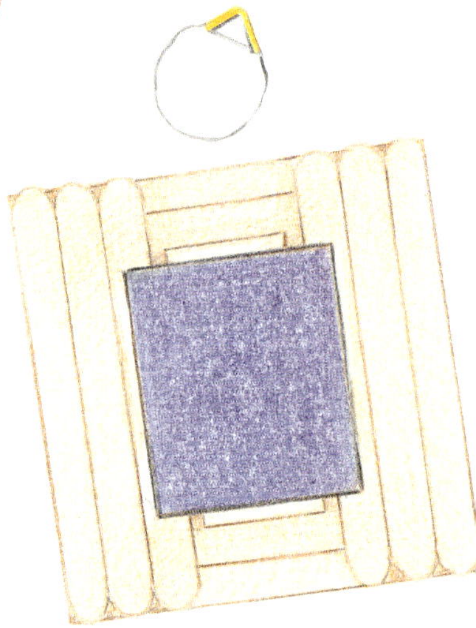

2 Coller quelques formes de balsa pour décorer le cadre.

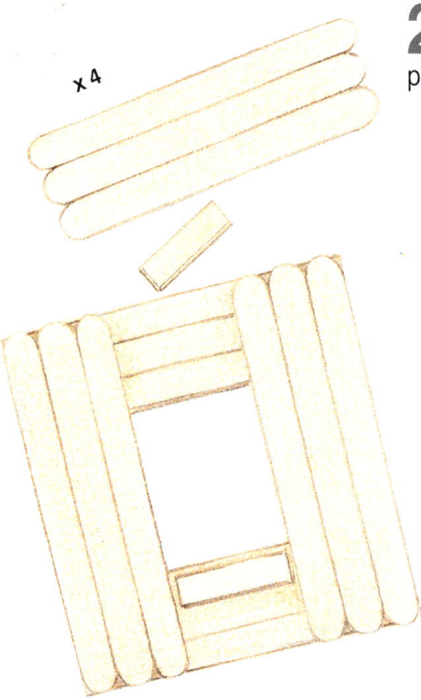

1 Assembler 4 séries de 3 bâtonnets avec ou sans arrondis. Au dos du cadre, coller 2 morceaux de bâtonnet sur les rebords creux.

3 Teinter le cadre en passant du cirage avec un chiffon. Bien laisser sécher.

Variante
Le cadre à 2 fenêtres se réalise avec des bâtonnets B.

Pantins animés

Matériel

- Bâtonnets plats A, B, C,
- balsa ou carton gris,
- attaches parisiennes,
- bouchons de liège,
- fil épais (coton perlé ou ficelle à rôti),
- ruban,
- grelot ou perle,
- couteau à dents et cutter,
- petite vrille ou mini-perceuse,
- colle,
- peinture.

2 Percer 4 trous sur le dos en veillant à placer les trous entre 2 bâtonnets.

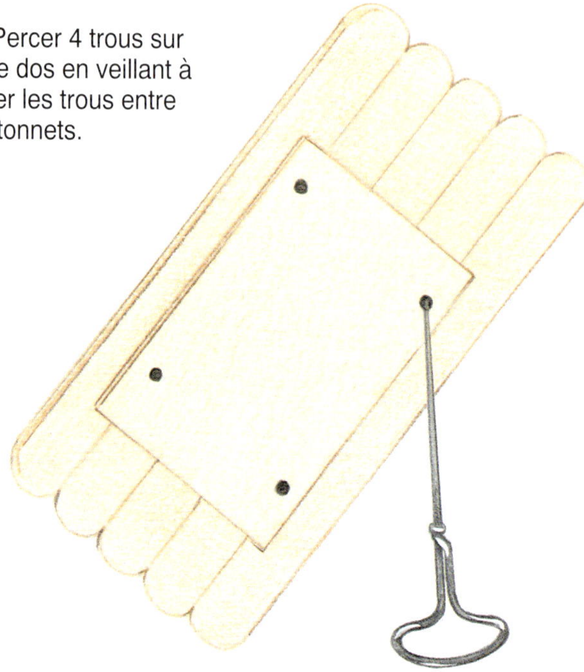

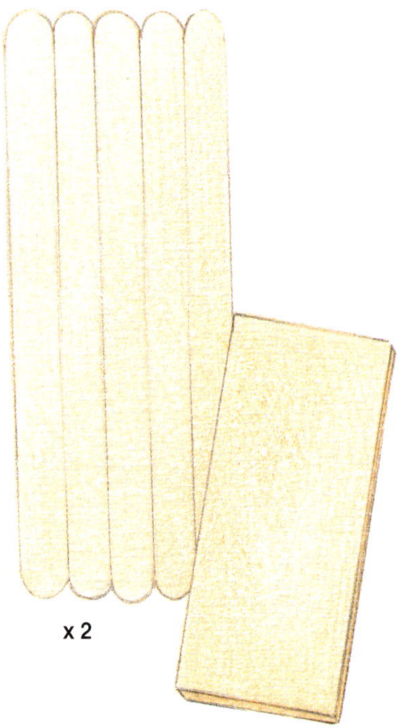

1 Pour le devant et le dos, coller 2 séries de 5 bâtonnets A. Coller au dos de chaque série un rectangle de balsa de 4,5 x 7 cm.

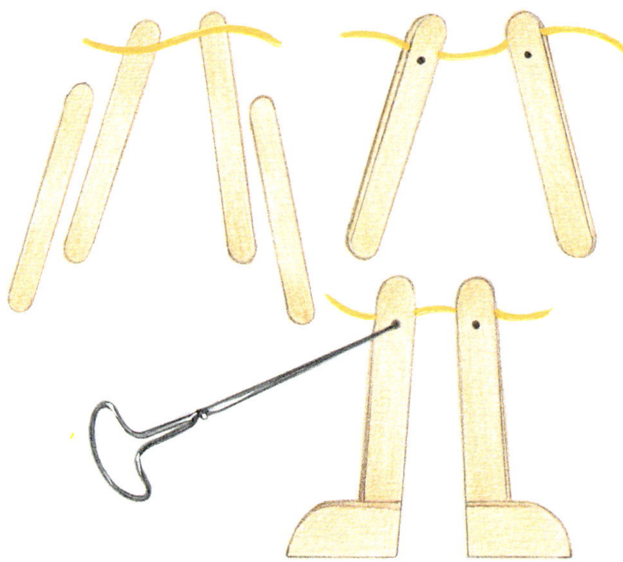

3 Coller 2 séries de 2 bâtonnets A pour les bras et de bâtonnets B pour les jambes, en glissant un morceau de fil pour les relier. Coller 2 morceaux de bâtonnet C pour les pieds. Percer un trou à 1 cm en haut des membres.

Pantins animés

4 Coller 3 bâtonnets A pour la tête. Raccourcir et coller des bâtonnets pour le chapeau.

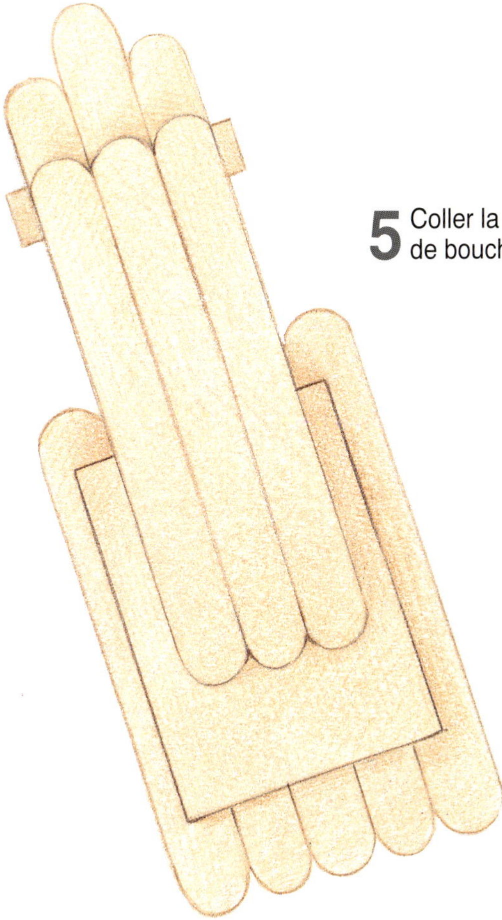

5 Coller la tête sur le devant. Couper 2 demi-rondelles de bouchon de 1 cm d’épaisseur et les coller sur le dos.

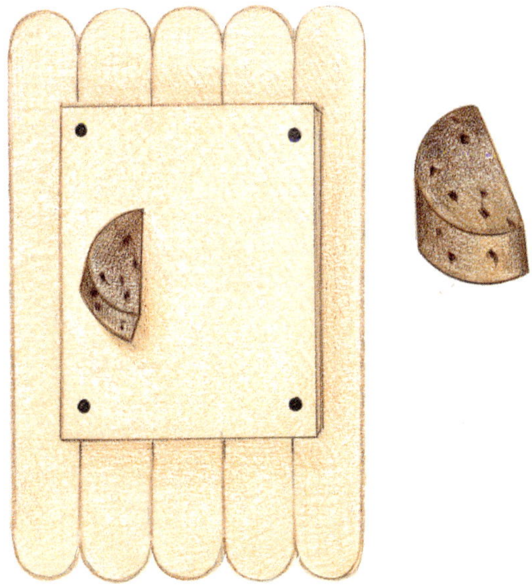

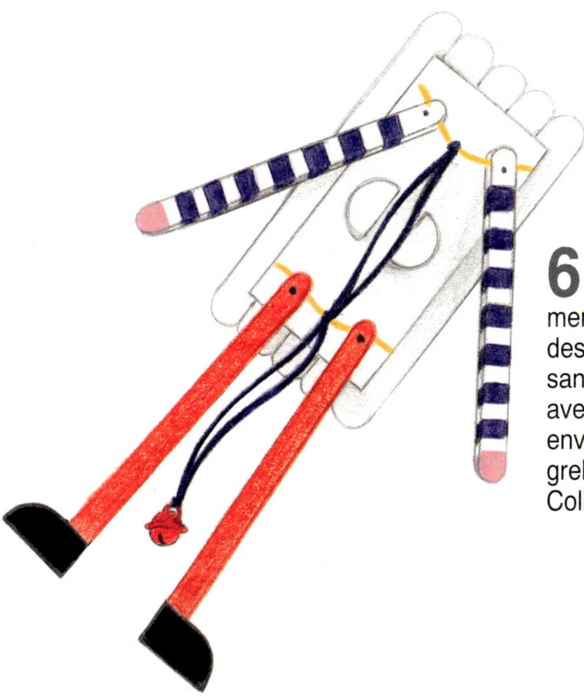

6 Peindre et laisser sécher. Fixer les membres sur le dos avec des attaches parisiennes, sans serrer. Les relier avec un ruban de 30 cm environ. Attacher un grelot ou une perle. Coller le devant.

En piste!

Matériel
- Bâtonnets plats A et B,
- baguettes carrées,
- carton de récupération,
- balsa ou carton gris,
- bristol,
- feutrine,
- bouchons de liège,
- brochettes et cure-dents,
- couteau à dents et cutter,
- compas,
- colle et agrafeuse,
- peinture et gommettes.

Clown : 1 perle ronde ou 1 boule de cotillon, 1 perle tubulaire, laine.

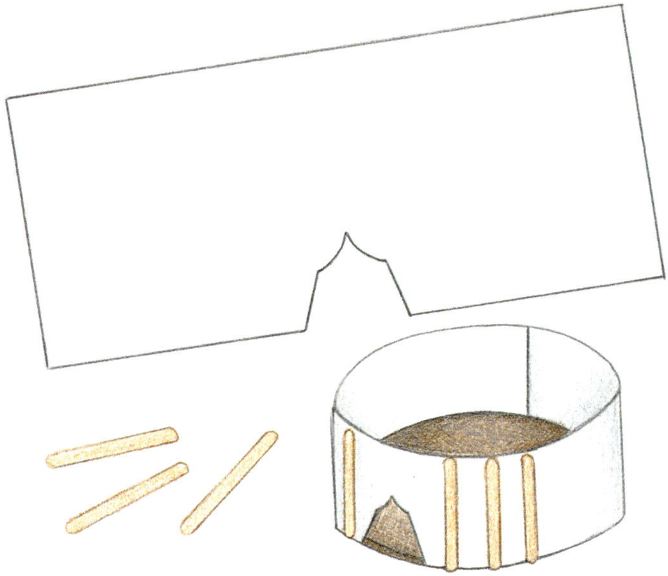

Chapiteau

1 Découper et coller, l'un sur l'autre, 2 cercles de carton de récupération de 20 cm de diamètre.

2 Découper un rectangle de bristol de 11,5 x 65 cm. Découper une porte. Coller le rectangle autour du cercle, agrafer les côtés. Coller des bâtonnets B autour en les espaçant de 3,5 cm environ.

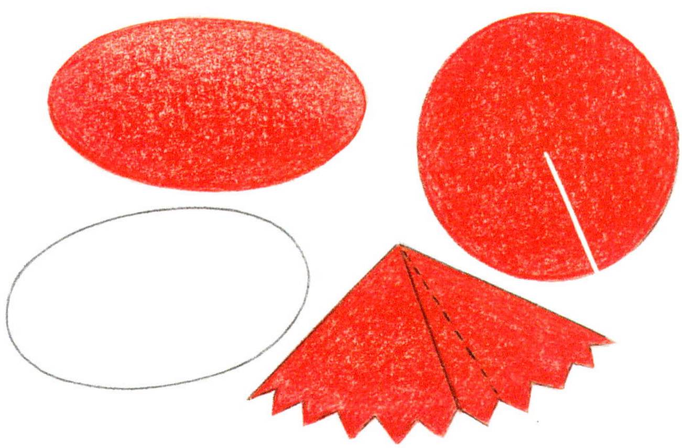

3 Coller un cercle de feutrine de 30 cm de diamètre sur un cercle de bristol de 23 cm de diamètre. Découper une fente jusqu'au centre. Coller en formant un cône. Cranter la feutrine.

4 Peindre le chapiteau. Laisser sécher. Décorer avec des gommettes et poser le toit. Coller un triangle de feutrine sur un morceau de brochette peinte en jaune. Planter ce drapeau sur le toit.

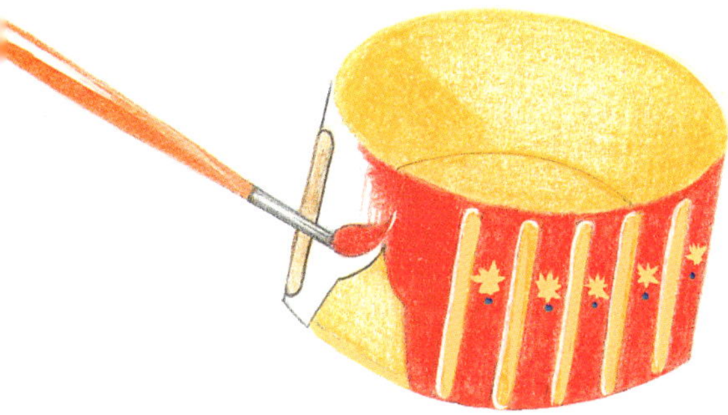

Clown

Enfoncer un cure-dents dans un bouchon et coller une perle. Entailler le bouchon pour les bras. Planter et coller des morceaux de bâtonnet. Ajouter une perle tubulaire et un peu de laine. Peindre, et le tour est joué !

Barrières

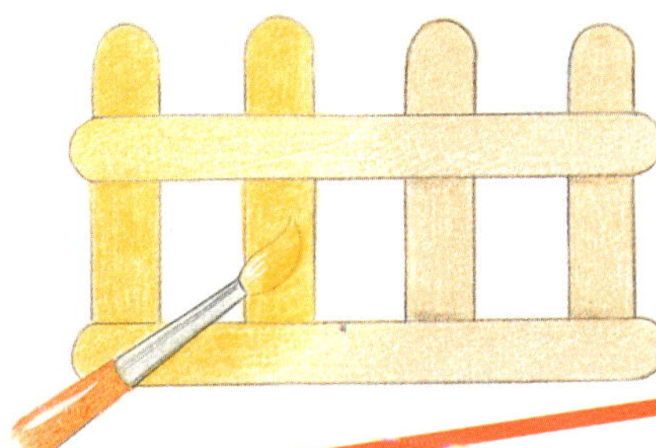

Coller des demi-bâtonnets sur des bâtonnets entiers. Peindre. Coller un drapeau (voir étape 4 ci-dessus).

Astuce
Stabiliser la barrière avec une baguette.

En piste!

Roulotte

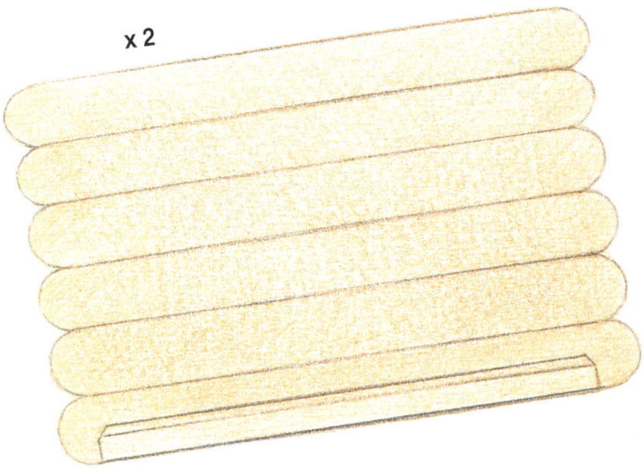

1 Coller 2 séries de 6 bâtonnets A.
Ajouter une baguette.

2 Découper 2 rectangles de balsa de 5 x 6,5 cm et arrondir le haut en ponçant.
Coller une baguette sur les bords droits.

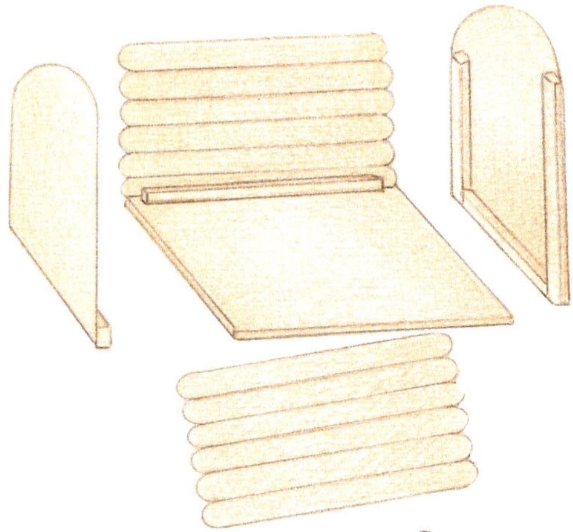

3 Couper un rectangle de balsa de 5 x 8,5 cm et monter la roulotte.
Coller 6 bâtonnets A pour le toit.
Coller un marchepied sous la roulotte.

4 Monter les roues comme pour les voitures, voir page 11. Laisser sécher.
Peindre et décorer la roulotte.

CIRCUS

Meunier, tu dors...

Matériel

- Bâtonnets plats A, B, C,
- vis à papillon de 4 et 6 cm de long,
- perles rondes à gros trou,
- rouleau de papier toilette,
- balsa ou carton gris,
- bristol et carton ondulé,
- baguettes carrées,
- couteau à dents et cutter,
- colle,
- petite vrille ou mini-perceuse,
- peinture.

Moulin à vent

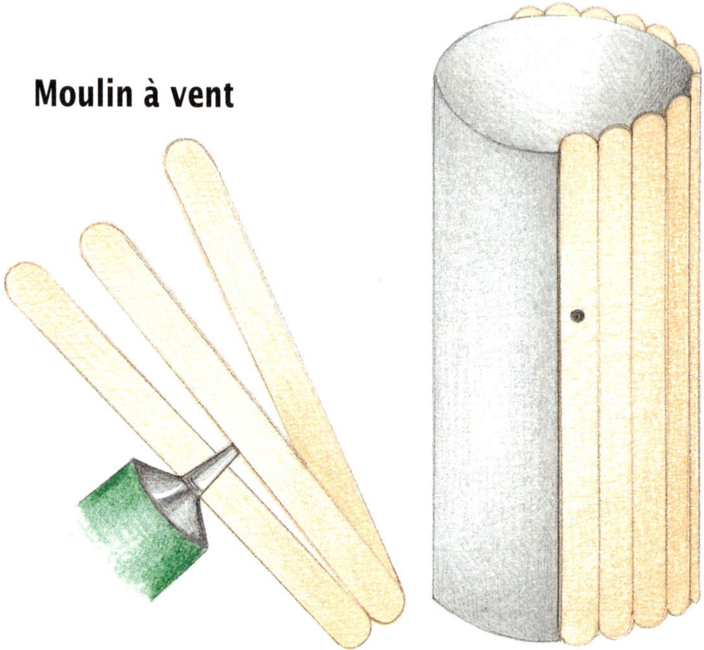

1 Coller une rangée de bâtonnets B autour du rouleau. Laisser sécher. Percer un trou de 0,5 cm de diamètre à 4 cm du haut.

x 2

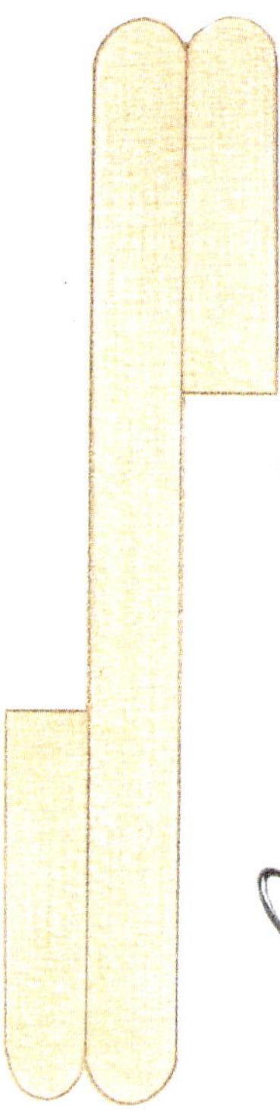

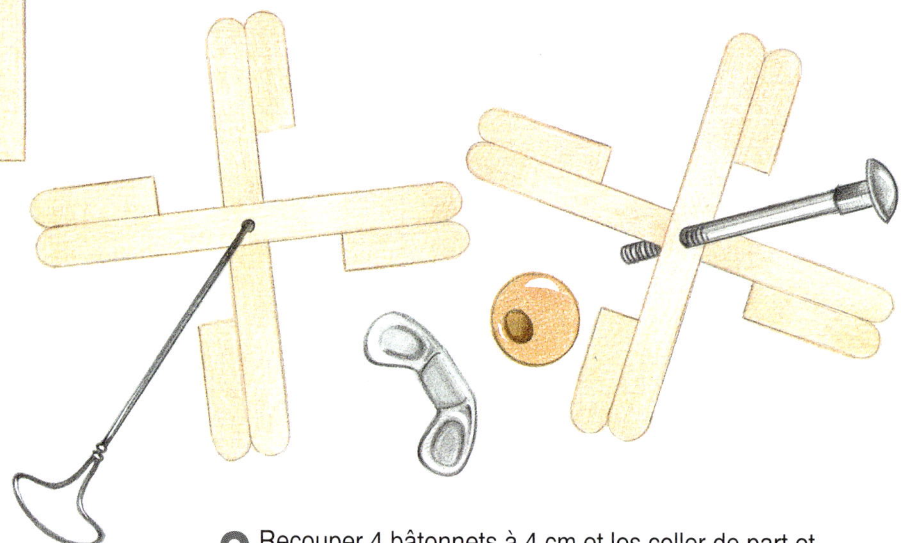

2 Recouper 4 bâtonnets à 4 cm et les coller de part et d'autre de 2 bâtonnets B. Coller les pales en croix. Laisser sécher puis faire un trou au centre. Enfiler les pales et une perle sur la vis de 4 cm. Les fixer sur le moulin.

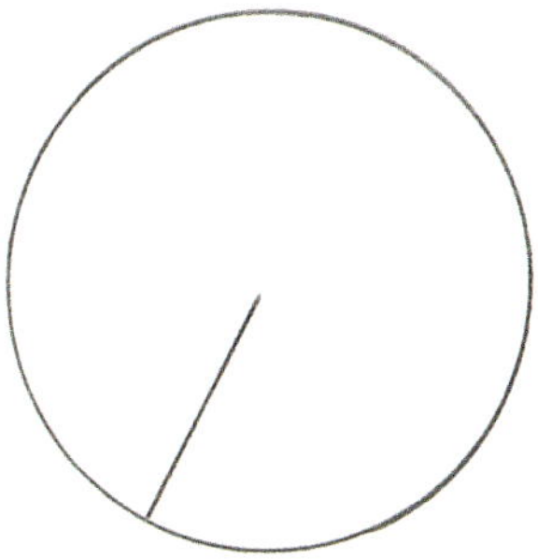

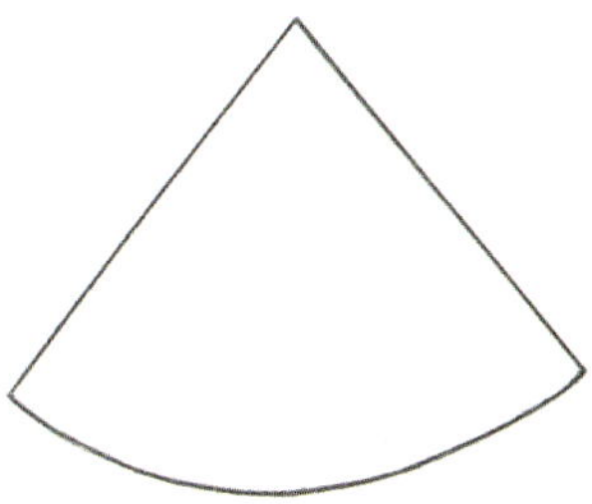

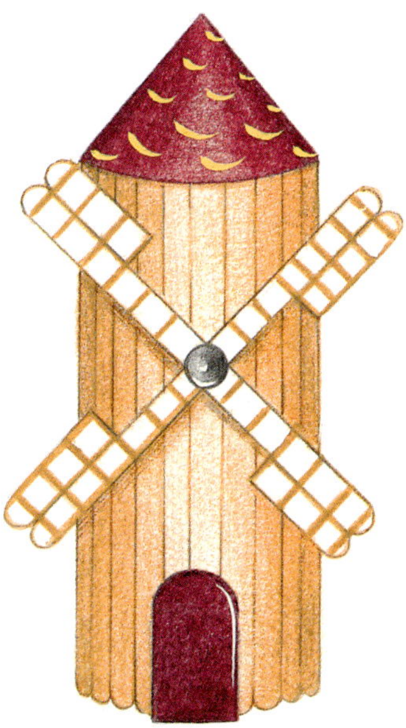

3 Découper un cercle de 11 cm de diamètre dans le bristol. Découper une fente jusqu'au centre. Coller en formant un cône. Poser le toit. Coller un morceau de bâtonnet C pour la porte. Peindre le moulin.

Meunier, tu dors...

Moulin à eau

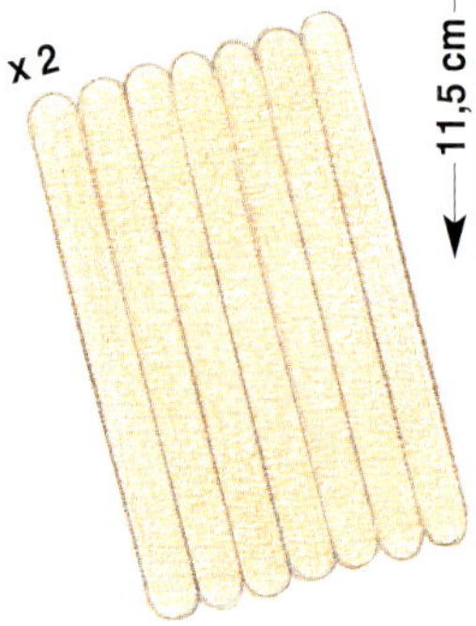

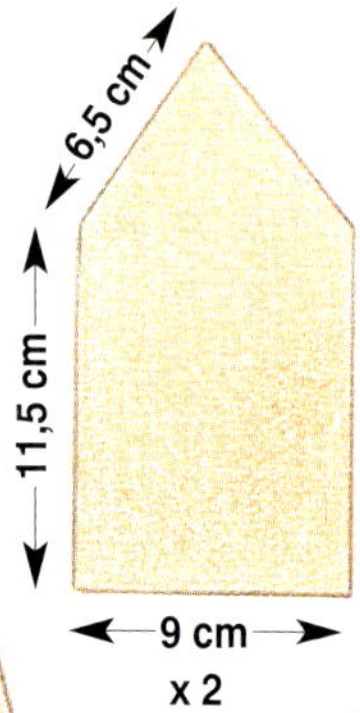

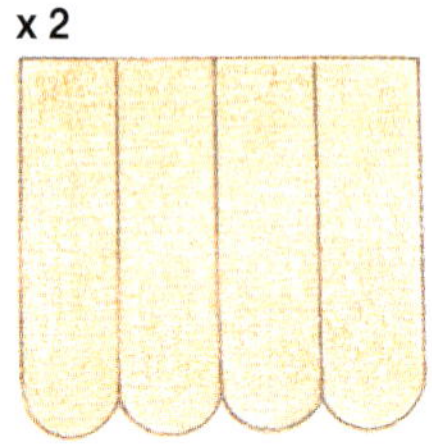

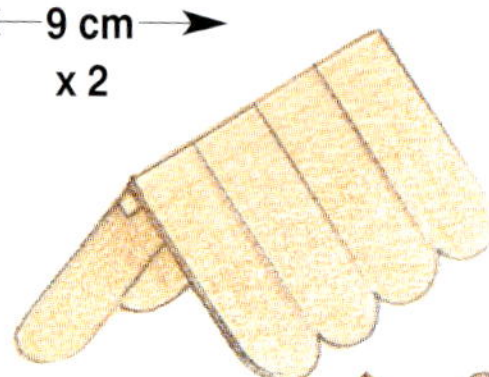

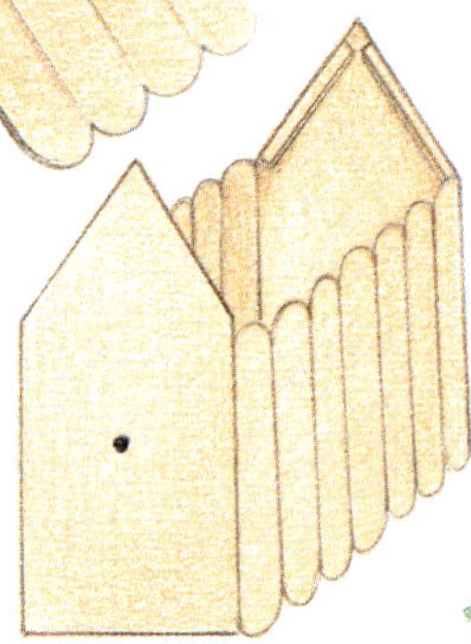

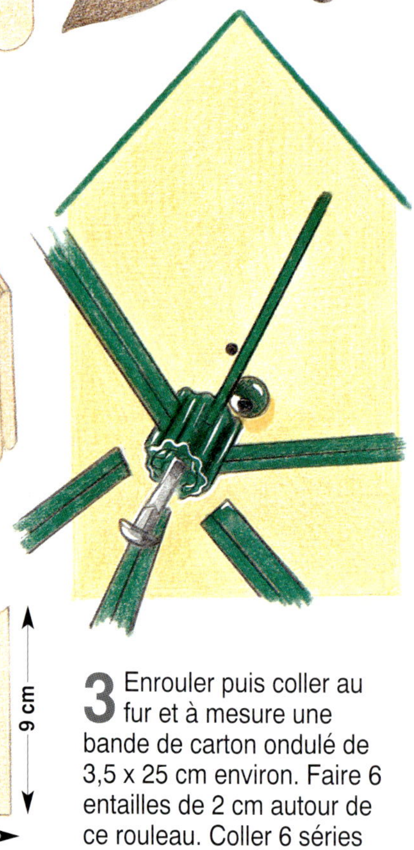

1 Coller 2 séries de 7 bâtonnets B. Couper le devant et le dos de la maison dans du balsa. Coller une baguette sur les bords. Coller 2 séries de 4 demi-bâtonnets C. Renforcer le toit avec une baguette. Monter la maison. Percer un trou à 4,5 cm du bas.

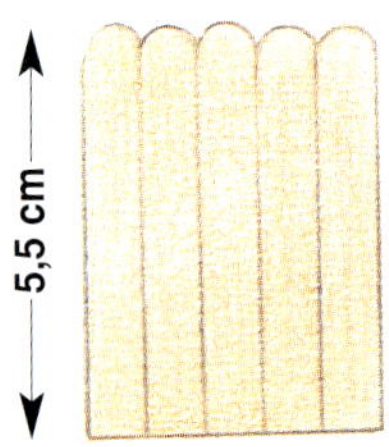

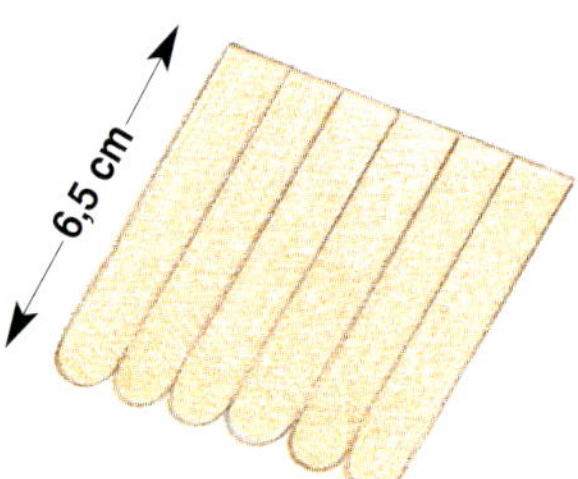

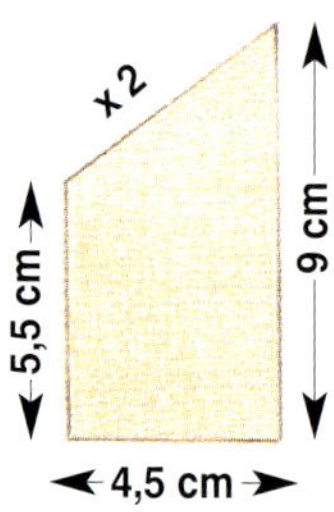

3 Enrouler puis coller au fur et à mesure une bande de carton ondulé de 3,5 x 25 cm environ. Faire 6 entailles de 2 cm autour de ce rouleau. Coller 6 séries de 2 bâtonnets A et les placer dans les entailles. Fixer les pales comme pour le moulin à vent. Peindre.

2 Pour l'appentis, recouper et coller 5 bâtonnets pour le mur et 6 bâtonnets pour le toit. Couper dans du balsa les 2 autres murs. Monter l'appentis avec des baguettes. Le coller contre la maison comme sur la photo.

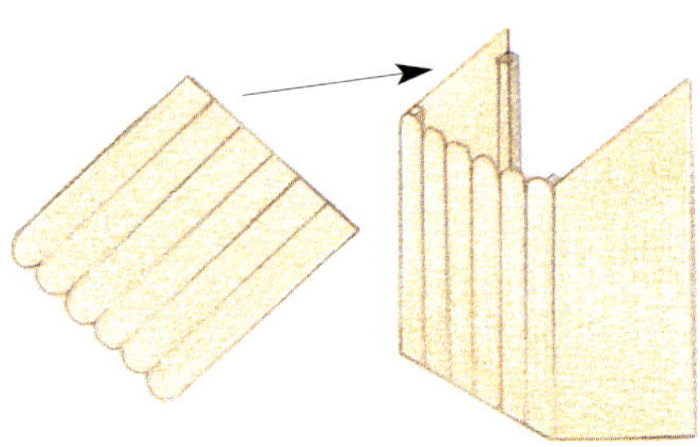

Barrières
Se reporter aux explications de la page 29.

Meubles de poupée

Matériel

- **Bâtonnets plats A et C,**
- **baguettes carrées,**
- **1 grande boîte d'allumettes,**
- **balsa ou carton gris,**
- **feutrine et tissu,**
- **perles,**
- **couteau à dents, cutter et ciseaux,**
- **colle,**
- **peinture.**

Banc

Coller 2 bâtonnets A. Recouper 4 bâtonnets A à 3 cm et les coller 2 par 2. Coller une baguette en haut des pieds et monter le banc. Peindre.

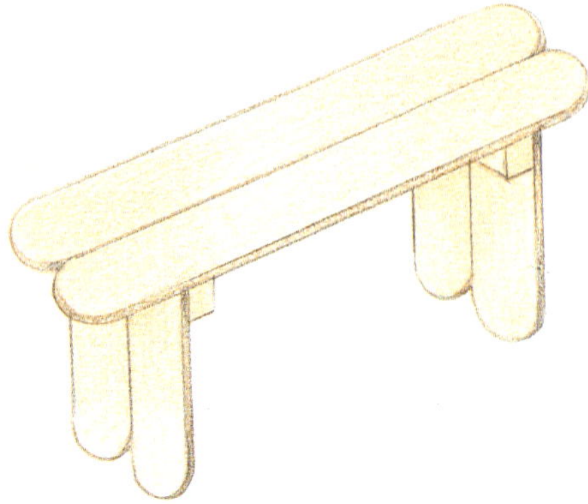

Table

Coller 5 bâtonnets A. Coller 2 baguettes et 2 bâtonnets de 4 cm sous la table. Coller 4 bâtonnets recoupés à 5 cm sur les baguettes et ajouter 2 morceaux de bâtonnet pour maintenir les pieds. Peindre.

Vaisselier

Recouper 9 bâtonnets A à 8 cm et les coller pour l'arrière. Recouper 3 bâtonnets C à 8,5 cm pour la partie basse du vaisselier. Recouper 2 bâtonnets avec un arrondi à 7,5 cm pour les côtés. Assembler avec des baguettes. Fixer 4 perles pour les pieds. Couper et coller 2 bâtonnets B et 2 baguettes de 8,5 cm pour les étagères. Peindre.

Meubles de poupée

Lit

Recouper 4 bâtonnets A à 8,5 cm. Les coller deux par deux. Pour le devant, assembler un bâtonnet A de 3,5 cm, 2 de 3 cm et 2 de 4 cm. Pour la tête, coller 3 bâtonnets de 6 cm et 2 de 5,5 cm. Monter le lit avec des baguettes sur un rectangle de balsa de 4,7 x 8,5 cm. Peindre.

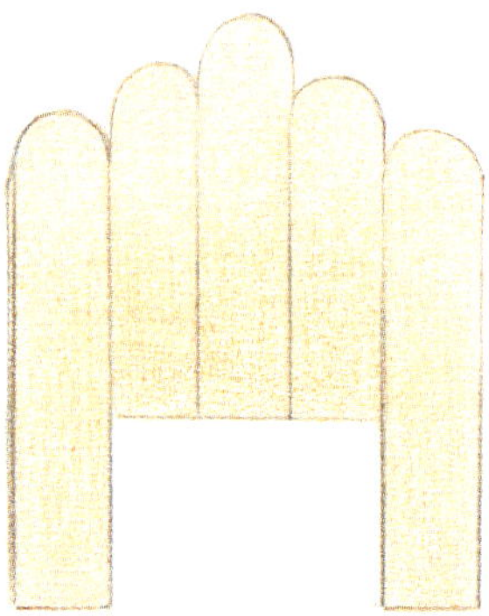

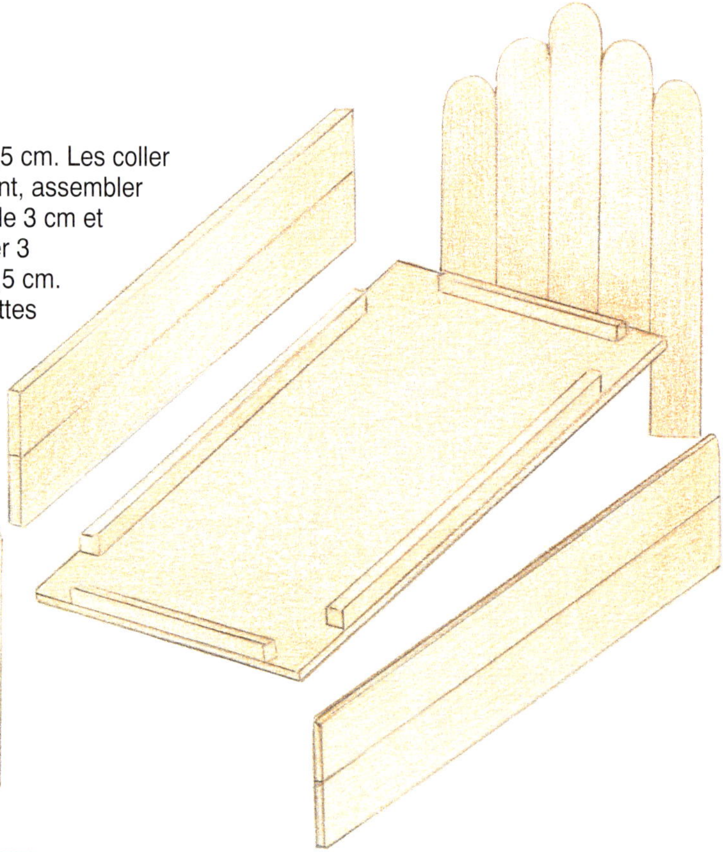

Table de nuit

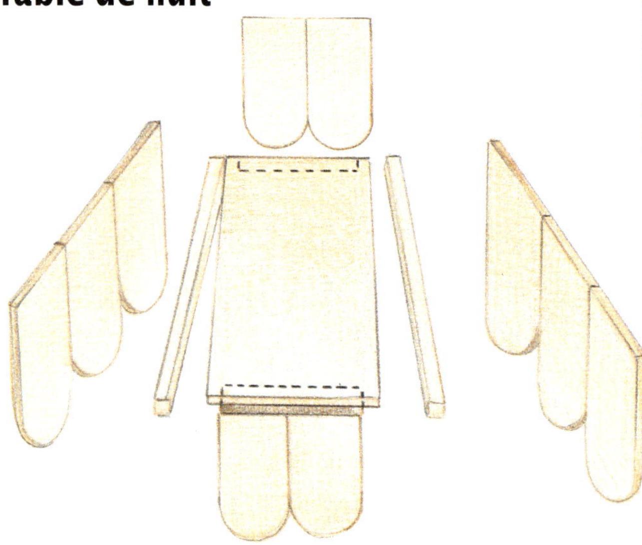

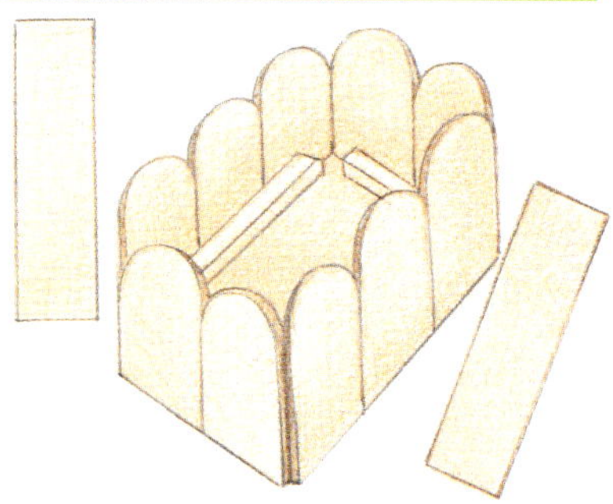

Recouper 10 bâtonnets A à 1,5 cm et les coller en 2 séries de 3 et 2 séries de 2 pour les côtés. Coller des baguettes autour d'un rectangle de balsa de 2 x 2,9 cm. Coller les côtés. Coller 2 bâtonnets de 3 cm pour les pieds. Peindre.

Armoire

1 Recouper 2 bâtonnets A à 8 cm, 2 à 8,5 cm et 2 à 9 cm. Les coller par 3 pour les portes. Couper 2 rectangles de feutrine de 5,5 x 7,5 cm. Les coller sur chaque porte puis sur les côtés de la boîte d'allumettes.

2 Recouper 12 bâtonnets A à 8,5 cm. Les coller autour de la boîte. Coller 4 petits morceaux de baguette à l'intérieur. Faire les étagères avec des bâtonnets C de 5,3 cm. Fixer 4 perles pour les pieds. Peindre.

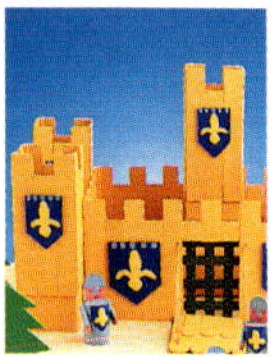

Château fort

Matériel

- Bâtonnets plats A et C,
- balsa ou carton gris,
- baguettes carrées,
- feutrine,
- ruban fin,
- scotch,
- bouchons de liège,
- couteau à dents, cutter et ciseaux,
- petite vrille ou mini-perceuse,
- colle,
- peinture.

Enceinte

1 Recouper 23 bâtonnets C à 12 cm et 18 autres à 10 cm. Les coller en alternant les tailles selon le dessin.

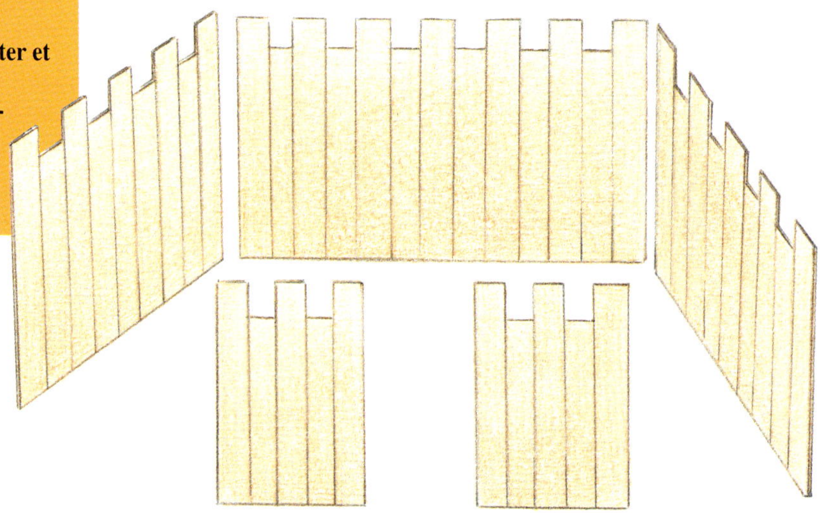

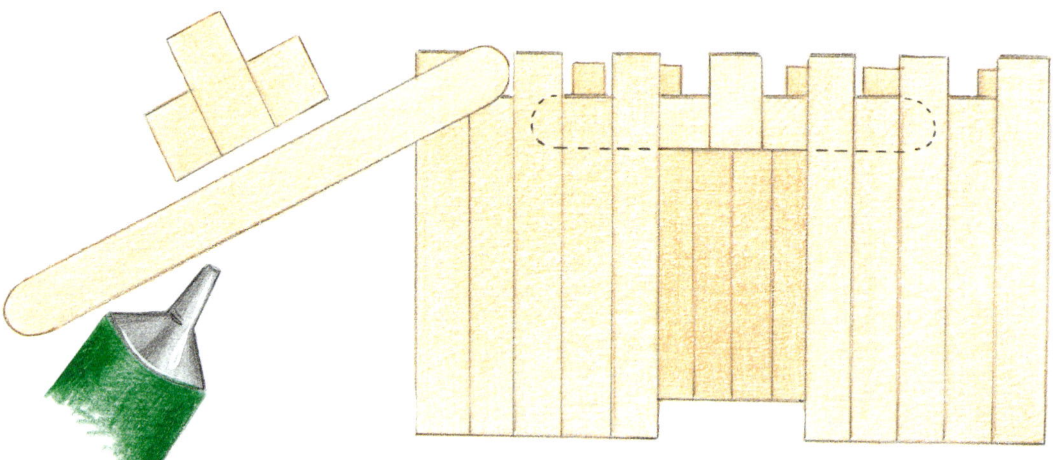

2 Recouper un bâtonnet C à 4 cm et 2 autres à 2 cm. Les coller au milieu d'un bâtonnet C. Coller les 2 murs de devant de chaque côté.

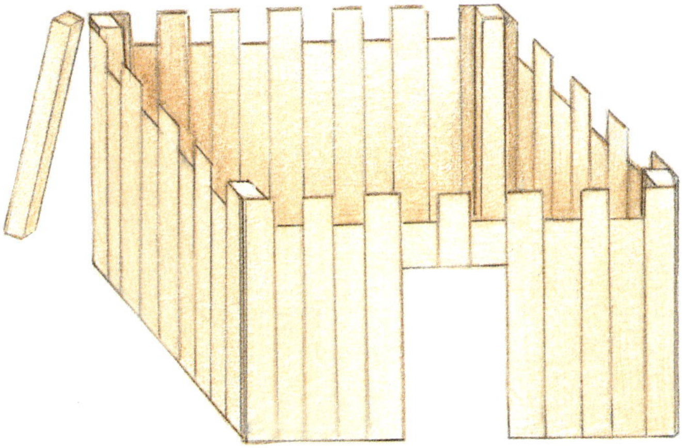

3 Monter le château en collant des baguettes à chaque angle pour le renforcer.

Herse

Coller 3 bâtonnets A de 6 cm sur 3 bâtonnets A entiers. Coller un morceau de bâtonnet C de 6 cm en haut. Fixer la herse à l'intérieur de l'enceinte avec une bande de feutrine. Peindre.

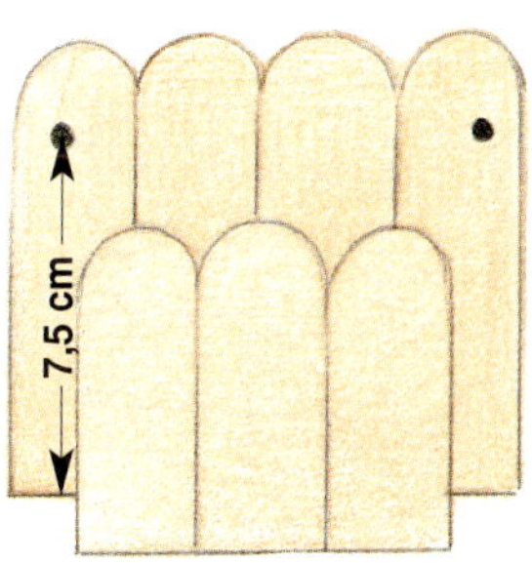

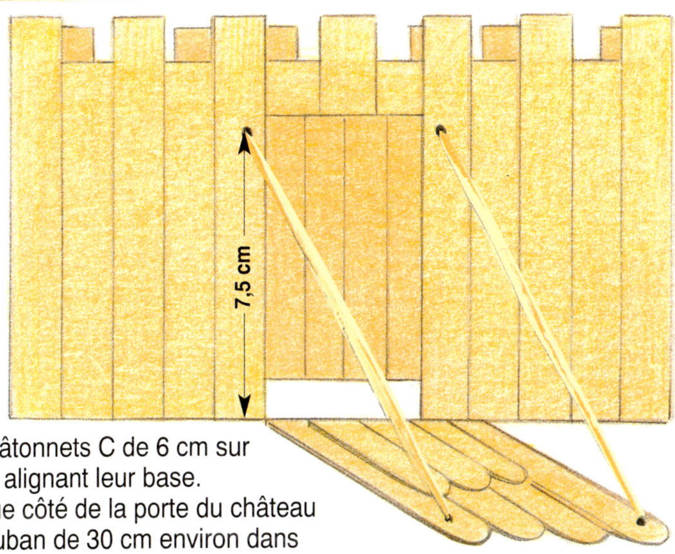

4 Pour le pont-levis, coller 3 bâtonnets C de 6 cm sur 4 bâtonnets C de 9,5 cm en alignant leur base. Faire un trou à 7,5 cm de chaque côté de la porte du château et sur le pont-levis. Passer un ruban de 30 cm environ dans les trous et nouer aux 2 extrémités.

Château fort

Tours

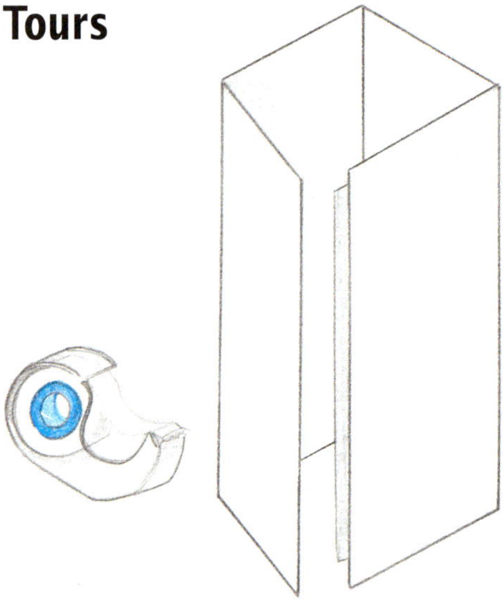

1 Former la base d'une tour à partir d'un rectangle de bristol de 14 x 22 cm. Scotcher. Pour la tour intérieure, découper une porte.

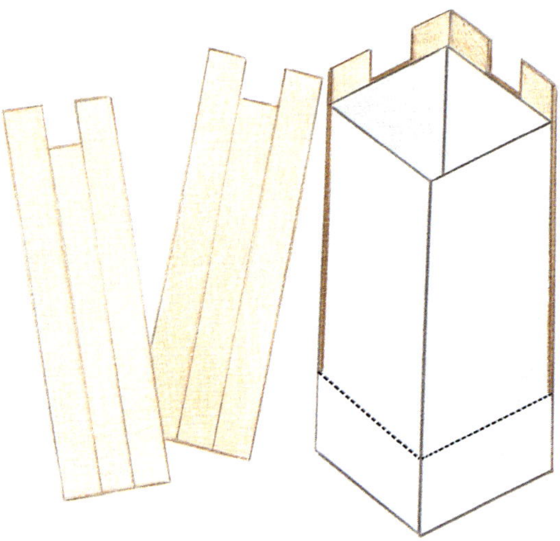

2 Recouper 8 bâtonnets C à 13 cm et 4 autres à 11 cm. Les coller par 3. Coller les côtés à 4 cm de la base de la tour. Renforcer les angles avec des baguettes. Peindre.

Blasons

Peindre les blasons sur un morceau de balsa ou de carton.

Chevaliers

Faire une entaille sur un bouchon et y enfoncer un morceau de bâtonnet C pour la tête. Coller 2 morceaux de bâtonnet A pour les bras. Peindre.

Table des matières

Aux Éditions Fleurus

Collection Les activités Fleurus Junior

Masques farfelus
Nouveaux bracelets brésiliens
Perles de rocaille, bijoux et gadgets
Pinces à linge fantaisie
Scoubidou-mania
Plastique magique
Pâte à modeler colorée à cuire
Tricotin malin
Perles de rocaille fantaisie
Argile facile
Tresses et bracelets brésiliens
Bâtonnets plats
Clous et fils
Sable coloré
Pinces à linge, un monde miniature
Window-décor, la peinture repositionnable
Chenilles faciles

Collection Les activités Fleurus

Perles de rocaille, parures et petits bijoux

Collection Idées Jeux

L'album des nœuds
Tissage de perles avec un métier

Collection Créa-Neuf

L'argile
Papier carton
Céramique décorée